Manfred Spitzer

WAS IST GLÜCK?

Manfred Spi

WAS
IST
GLÜC

Manfred Spitzer

WAS IST GLÜCK?

mvgverlag

Bibliografische Information der Deutschen Nationalbibliothek
Die Deutsche Nationalbibliothek verzeichnet diese Publikation in der Deutschen Nationalbibliografie.
Detaillierte bibliografische Daten sind im Internet über http://d-nb.de abrufbar.

Für Fragen und Anregungen
info@mvg-verlag.de

Originalausgabe
1. Auflage 2021

Türkenstraße 89
80799 München
Tel.: 089 651285-0
Fax: 089 652096

Dieser Titel erschien erstmals 2007 als Hörbuch beim Galila Verlag unter dem Titel *Glück ist…*.

Redaktion: Petra Holzmann
Umschlaggestaltung: Manuela Amode
Umschlagabbildung: Shutterstock.com/forden, Victor Z
Layout: inpunkt[w]o, Haiger (www.inpunktwo.de)
Satz: Müjde Puzziferri, MP Medien, München
Illustrationen: Shutterstock.com/iconstock, Natasha Pankina, kuroksta, mentalmind
Druck: Livonia Print, Riga
Printed in Latvia

ISBN Print 978-3-7474-0132-3
ISBN E-Book (PDF) 978-3-96121-489-1
ISBN E-Book (EPUB, Mobi) 978-3-96121-490-7

Wir produzieren nachhaltig
www.m-vg.de

Inhalt

Gibt es eine »Wissenschaft« vom Glück?

Kann man Glück wissenschaftlich untersuchen? Gibt es so etwas wie eine Wissenschaft vom Glück? Oder ist Glück vielmehr etwas, was man nur erlebt? Man ist eben glücklich oder nicht so glücklich. Das ist ganz subjektiv, ganz persönlich. Und insofern wissenschaftlich eigentlich gar nicht nachzuvollziehen. Das mag man zunächst glauben. Ich aber möchte Ihnen zeigen, dass man über Glück durchaus sehr viel Interessantes sagen kann. Dass die Wissenschaft, insbesondere die Psychologie, aber auch zum Beispiel die Neurowissenschaft, unglaublich interessante Einsichten zum Glück gewonnen hat. Und dass wir diese – zu unserem Glück – tatsächlich auch verwenden können, und zwar in dem Sinne, dass wir mit uns selbst besser umgehen können, wenn wir wissen, wie es zum Glückserleben in uns kommt.

Wenn man das Glückserleben untersuchen will, dann ist die einfachste Methode die, dass man die Menschen fragt: »Sagen Sie mal, wie geht es Ihnen eigentlich so? Sind Sie glücklich und zufrieden? Und wie würden Sie Ihr Glück und Ihre Zufriedenheit einschätzen – zum Beispiel auf einer Skala von null bis fünf oder eins bis zehn?«

Aber es gibt ganz unterschiedliche Methoden, das Glück zu untersuchen. Man kann beispielsweise versuchen herauszufinden, ob die einen Menschen unter »Glück« etwas anderes verstehen als die anderen Menschen. Und dann fragt man sie nach ihrem Glück. Aber so untersucht man eigentlich gar nicht das Glück der Menschen, sondern die Bedeutung des Wortes »Glück« für sie. Was natürlich nicht so interessant ist. Man will ja wissen, wie es den Leuten wirklich geht. Also könnte man die Möglichkeit

nutzen, Glück ohne Sprache zu untersuchen – indem man den Menschen zum Beispiel Smileys zeigt: die ganz unglücklichen oder ganz glücklichen oder die Smileys, die irgendwie zwischen glücklich und unglücklich aussehen. Dann kann man die Leute bitten anzukreuzen, welcher Smiley ihre eigene Emotionalität gerade repräsentiert. Und dann kommt eben irgendein Ergebnis raus.

Aber was kommt heraus, wenn man die Leute nach ihrem Glück fragt? Das Spannende ist zunächst einmal Folgendes: Wenn Sie Menschen fragen: »Sagen Sie mal, wie groß sind Sie denn so?«, dann schätzen sich die Menschen eigentlich ziemlich treffend so groß ein, wie sie wirklich sind. Sie sagen also beispielsweise: »Oh, ich bin größer als die normalen Leute.« »Ich bin kleiner.« »Ich liege so in der Mitte.« »Ich bin sehr groß.« »Ich bin sehr klein.« Auf einer Skala von eins bis fünf würden sich die Leute bei eher klein, eher groß, eher mittel selbst ziemlich gut und ziemlich richtig einschätzen. Und man bekäme dann als Resultat heraus, was man eine »Normalverteilung« nennt: Es gäbe viele

»normal große Leute« und ein paar Menschen, die größer oder kleiner als die Masse sind. Eine Grafik davon ergäbe eine glockenförmige Verteilung: Viele in der Mitte und nur ein paar Menschen an den Grenzen.

Interessanterweise gibt es ein paar Ausnahmen von dieser normalerweise recht guten Selbsteinschätzung der Menschen. Fragt man zum Beispiel: »Wie intelligent sind Sie denn so?«, bekommt man als Ergebnis, dass 90 Prozent der Menschen überdurchschnittlich intelligent sind. Oder fragt man: »Wie gut fahren Sie Auto?«, dann können eigentlich alle Menschen besser Auto fahren als der Durchschnitt. Fragt man, ob die Menschen glücklich sind, bekommt man folgendes Ergebnis: Fast alle Menschen sind überdurchschnittlich glücklich. Man bekommt als Ergebnis also keine glockenförmige, sondern eine ganz schiefe Verteilung. Wenn man fragt: »Sagen Sie mal, wie glücklich sind Sie denn so – im Vergleich mit anderen und auf einer Skala von null bis zehn?«, dann geben die meisten Leute an, dass sie etwa bei acht liegen. Fast niemand liegt unter fünf, es sind weniger als fünf Prozent, die unter fünf liegen. Die meisten liegen etwa bei sieben, acht oder neun. Und nicht wenige liegen bei zehn! In der Wissenschaft nennt man die Neigung, sich selbst positiv einzuschätzen oder sich positiv zu sehen: »Positivitätsbias«. Die Leute schätzen sich selbst positiv ein, obwohl man ja eigentlich gefragt hat, wie sich das eigene Glück im Vergleich zu dem der anderen verhält; und obwohl man dadurch eigentlich herausfinden müsste, dass die meisten auf einer Skala von eins bis zehn bei fünf liegen und ein paar eben an den Grenzen dieser Verteilung. Doch das ist schlichtweg nicht der Fall!

Bei solchen Untersuchungen, wie eben erwähnt, erhält man also zunächst einmal einen Positivitätsbias, also einen Trend, sich selbst glücklich einzuschätzen. Man kann natürlich auch in einer Spanne von zehn bis zwölf Jahren die Menschen jedes Jahr in die Röhre legen und auf diese Weise nachschauen, wie glücklich sie sind. Das hört sich vielleicht sehr eigenartig an, denn wenn man nur jemanden zu fragen braucht, wie glücklich er ist, muss man ja nicht unbedingt in sein Gehirn hineinschauen, um zu sehen, ob er glücklicher ist als ein anderer. Aber auch das ist eine Möglichkeit, Glück zu untersuchen.

Anfangs waren solche Untersuchungen der Gehirne von Menschen gar nicht so einfach. Warum, werde ich nachher noch erläutern, und auch, dass man durch solche Untersuchungen durchaus auch etwas über Randbedingungen von Glück erfährt. Auch erkennt man dabei Dinge über den Menschen, die uns dadurch, dass wir nur die Augen schließen und über uns nachdenken, nicht so zugänglich sind, wie das den Gehirnforschern möglich ist. Es ist in der Tat so, dass die Gehirnforschung von »außen«, dadurch, dass sie das Gehirn betrachtet, auch Dinge über das Glück herausfinden kann, die wir, wenn wir uns nur glücklich fühlen und uns überlegen, warum und wieso das so ist, nicht herausfinden können. Es gibt also eine »Wissenschaft vom Glück«.

Das »Glücksranking« im Ländervergleich

Man kann Glück durchaus auch im internationalen Vergleich untersuchen. Das wird seit einer Reihe von Jahren gemacht. Man fragt wiederum: »Wie glücklich und zufrieden sind Sie denn so? Gemessen auf einer Skala von eins bis zehn?« Und dann schätzen sich die Menschen, ein paar Tausend pro Nation, ein. Man kann so ermessen, wie glücklich die Menschen im Großen und Ganzen in verschiedenen Ländern sind, indem man jeweils einen Mittelwert für die Länder berechnet. Dabei kommt man zu ganz interessanten Ergebnissen. Zunächst einmal findet man wieder praktisch niemanden unter fünf im Mittelwert – selbst die ganz unglücklichen Bulgaren haben einen Mittelwert von 5,03 in einer der jüngsten diesbezüglichen Untersuchungen. Die Glücklichsten in dieser Untersuchung waren die Schweizer mit einem durchschnittlichen Glück von 8,39, gefolgt von den Dänen mit 8,1 und den Schweden mit 7,9, den Kanadiern mit 7,8, den Österreichern mit 7,7, den Amerikanern ebenso mit 7,7, den Mexikanern mit 7,4. Die Westdeutschen waren auf Platz 19 mit 7,2 und die Ostdeutschen auf Platz 24 mit 6,7. Die Japaner lagen noch darunter, hinter den Polen und den Südkoreanern, aber vor den Indern, die bei 6,2 lagen.

Man sieht wieder: Eigentlich sind alle überdurchschnittlich glücklich. Aber man sieht auch, dass es durchaus Unterschiede gibt, wenn man sich die Länder, in denen die Menschen leben, näher ansieht. Und es kommt wieder etwas ganz Interessantes heraus, wenn man die unterschiedlichen Länder versucht zu gruppieren und zusammenzufassen. Es gibt Länder, in denen es den Leuten ziemlich schlecht geht. Und es gibt Länder, in denen die Leute auch ziemlich arm dran sind. Dann stellt man tatsächlich fest, dass es einen Zusammenhang zwischen Armut und Unglück gibt, beziehungsweise zwischen Reichtum und Glück. Die Moldawier beispielsweise verdienen nicht viel und sind auch ziemlich unglücklich. Die Tschechen dagegen verdienen schon ganz gut – und sind auch deutlich glücklicher. Es gibt eine Korrelation zwischen der Angabe, wie glücklich die Leute in den unterschiedlichen Nationen sind, und dem Fakt, wie hoch das durchschnittliche Pro-Kopf-Einkommen dort ist. Diese Korrelation geht aber nur bis etwa 15 000 Dollar pro Jahr, wir reden also von gut Tausend Dollar pro Monat. Alles, was die Leute darüber hinaus mehr verdienen, macht sie nicht glücklicher. – Das bezeugt die völlig fehlende Korrelation zwischen dem Durchschnittseinkommen pro Kopf in Ländern wie Norwegen, Schweden, Deutschland oder Amerika einerseits und dem Glück, das man in diesen Ländern feststellt, andererseits.

Dass Glück allerdings nicht nur vom Geld abhängen kann, zeigt eine interessante Tatsache, wenn man zum Beispiel die Länder in Südamerika – Brasilien, Bolivien, Argentinien und noch ein paar andere – betrachtet. Dabei stellte sich heraus, dass die Leute dort genauso glücklich sind wie die in den westeuropäischen Ländern oder in den USA. Ihre Angaben, wie glücklich sie sind, unterscheiden sich kaum, aber die Leute in Südamerika verdienen viel weniger. Sie sind Menschen, denen es wirtschaftlich nicht so gut geht, die aber genauso glücklich sind.

Betrachtet man umgekehrt die Länder der Ex-Sowjetunion, dann sind die Menschen dort alle sehr unglücklich. Obwohl sie, verglichen mit Südamerika, auch nicht so viel schlechter oder überhaupt nicht schlechter verdienen.

Das heißt: Man kann Glück nicht alleine am Geld festmachen. Es liegt auch ein bisschen an der Art, wie Menschen leben. Wie Menschen miteinander umgehen. Welche Kultur der Gemeinschaft sie entwickelt haben. Ob es Menschen sind, die sich gegenseitig misstrauen, sich gegenseitig eher mit Skepsis betrachten. Oder ob es Menschen sind, die gerne in

Gemeinschaft sind und die Gemeinschaft richtig gut können. Diese Menschen sind deutlich glücklicher. Ich werde darauf, was Glück und Gemeinschaft miteinander verbindet, später noch zurückkommen.

Was ein Säbelzahntiger mit Emotionen zu tun hat

»Glück« ist eine der Grundemotionen des Menschen. Es gibt im Prinzip zwei Sorten von Emotionen: positive und negative Emotionen. Interessanterweise gibt es viele negative Emotionen: Ärger, Wut, Angst, Ekel … Glück ist in vielen Auflistungen der menschlichen Grundemotionen eine der wirklich echten positiven Emotionen. »Überraschung« ist vielleicht noch eine positive Emotion, aber sie hat auch mit Glück zu tun. Doch dazu kommen wir noch.

Glück ist also eine positive Emotion. Interessant wird es, wenn man Glück mit Angst vergleicht und annimmt, dass wir eine Art System haben, das zwischen diesen beiden Emotionen umschalten kann. Es könnte ja aktiv oder inaktiv sein, und wenn es sehr aktiv ist, dann sind wir glücklich, und wenn es ganz inaktiv ist, dann sind wir ängstlich. Aber nein, ein solches System gibt es nicht, es ist vielmehr so, dass wir unterschiedliche Systeme haben, die für die jeweiligen Emotionen zuständig sind. Wir haben also, wenn man so will, ein Glückssystem und ein Angstsystem. Leider muss man feststellen, dass sich die Wissenschaft vor allem mit der Angst beschäftigt. Es gibt große Untersuchungen darüber, zu welchen Themen wie viel publiziert ist. Ganz grob kann man sagen, dass in den letzten 100 Jahren zum Thema Depression über 70 000 wissenschaftliche Arbeiten veröffentlicht wurden, zur Angst über 50 000 wissenschaftliche Arbeiten und über Freude nicht mal 1000. Man beschäftigt sich wissenschaftlich also eigentlich kaum mit dem Guten, dem Positiven – und schon gar nicht mit dem Glück.

Emotionen dienen uns zum Bewerten, sie treiben uns um, sie machen etwas mit uns. Wir haben aber nicht nur Emotionen, um irgendwelche Gefühle zu erleben, Emotionen haben vielmehr auch ganz praktische Zwecke. Banal gesprochen: »Gibt es rechts etwas zu essen?« Dann gehen wir nach rechts. Aber kommt dann der Säbelzahntiger von rechts, dann laufen wir nach links. Warum? Der Säbelzahntiger ist schlichtweg wichtiger als etwas zu essen. Denn auch wenn wir etwas zu essen im Bauch haben, nützt uns das wenig, wenn wir dann im Bauch des Säbelzahntigers landen. Deswegen ist es ganz klar, dass das Schlechte das Gute sticht, wie man beim Skat sagen würde. Wir müssen uns vor dem Schlechten unglaublich hüten. Und dem Guten, na ja, dem können wir uns schon mal zuwenden, wir können es aber auch sein lassen. Denn wenn wir uns dem nicht zuwenden, dann verpassen wir vielleicht etwas Leckeres zu essen, oder wir verpassen ein nettes Gespräch, vielleicht sogar die Möglichkeit, Kinder zu zeugen. Aber wir sterben nicht dabei. Mit anderen Worten: Wenn wir den Säbelzahntiger auch nur ein einziges Mal nicht beachten – wenn wir ihn im Gebüsch haben rascheln hören und nicht mit Angst reagieren und denken: »Ach, das Geraschel wird schon nichts bedeuten« – und es dann doch der Tiger war: Nun, von diesem Menschen stammen wir nicht ab, denn er ist tot. Wenn wir uns aber den Heidelbeeren einmal nicht zuwenden und zum Beispiel denken: »Ach, wir werden schon noch schönere finden, noch reifere«, und dann doch keine finden, dann macht das nichts. Dann schieben wir ein bisschen mehr Kohldampf, aber das bedroht uns nicht existenziell. Das heißt: Das Schlechte nehmen wir wichtig und das müssen wir auch immer wichtig nehmen. Wenn es wirklich mal »um die Wurst geht« und wir das ignorieren, dann kann das unter Umständen fatal sein. Deswegen sticht das Schlechte immer das Gute. Das ist wirklich wichtig – und deswegen sind Angststörungen gleichsam der Schnupfen in der Psychiatrie. Das ist das tägliche Brot eines jeden, der sich mit Menschen beschäftigt, die in Not sind. Angst gibt es aus allerlei Gründen. Sie ist ganz, ganz häufig. Und wir werden sie auch nicht los. Ängste gehören einfach zu uns Menschen dazu. Denn wer früher das Fürchten nicht draufhatte, der hat sich manchmal falsch verhalten – und das hatte dann fatale Folgen. Von einem solchen Menschen stammen wir alle nicht ab.

Nun möchte ich aber nicht über das Schlechte reden. Ich möchte nicht über Angst reden. Ich möchte über Glück reden! Über das, mit dem sich die Wissenschaft eigentlich kaum befasst hat. Ein weiterer Grund, mich jetzt vor allem mit Glück zu beschäftigen.

Die geheimen Tricks einer Darmspiegelung

Unser Glückssystem, unser Lernsystem, kann uns durchaus auch Streiche spielen. Deswegen ist es wichtig, es ein bisschen zu kennen. Der Nobelpreisträger Daniel Kahneman hat die Art, wie wir Emotionen einerseits erleben und wie wir emotionale Erlebnisse andererseits retrospektiv, also im Nachhinein, beurteilen, systematisch untersucht. Und diese Systematik ist sehr spannend. Deswegen möchte ich kurz versuchen, sie darzustellen.

Kahneman hat zunächst einmal die negativen Emotionen untersucht, dann aber auch die positiven – darunter das Glück. Bei beiden Untersuchungen kam das Gleiche heraus. Weil die

Ergebnisse aber bei den negativen Emotionen so deutlich waren, berichte ich hier über diese erste Studie. Sie ist in der Zeitschrift *Pain*, »Schmerz«, erschienen, das ist eine international bekannte Zeitschrift, in der es um Schmerzen geht. Die Untersuchung ging letztlich ganz einfach vonstatten: Patienten, die sich einer unangenehmen medizinischen Prozedur unterziehen mussten, mussten jede Minute sagen, wie schmerzhaft die ganze Sache ist. Null bedeutete: keine Schmerzen, die Zahl Zehn dagegen: unerträgliche Schmerzen. Nun, die medizinische Prozedur war eine Darmspiegelung – ohne Betäubung. Sie werden sich wundern, in einem Buch über das Glück von Darmspiegelungen zu lesen. Aber Sie werden gleich erfahren, warum.

Die Darmspiegelungen dauerten jeweils etwa zehn Minuten, manchmal auch 25 Minuten. Die Patienten gaben alle paar Minuten eine Einschätzung der eigenen Schmerzen ab. Das Ergebnis dieser Einschätzungen in einer Grafik sah dann aus wie ein Gebirge, die Schmerzeinschätzungen gingen rauf und runter, hörten mal ganz auf, dann gingen sie wieder rauf und wieder runter. Die Patienten wurden am Ende, nachdem sie fertig waren, gefragt: »Sagen Sie, wie war es denn so? Wie schätzen Sie jetzt das Ganze im Nachhinein ein?«

Betrachten wir die Antworten von verschiedenen Darmspiegelungen, die einen kurz und die anderen ziemlich lang. Die einen ergaben Schmerzeinschätzungen wie ein spitzes Gebirge, die anderen ein eher flaches Gebirge, aber genauso hoch wie das spitze Gebirge. Man möchte meinen, die einen waren kurz und schmerzlos und die anderen ganz schön heftig – weil sie so lang dauerten. Fragte man die Leute aber im Nachhinein, kam etwas ganz anderes heraus. Erstens: Wie lang das Ganze gedauert hat, fiel völlig unter den Tisch, als die Leute ihre Schmerzen im Nachhinein beurteilt haben. Zweitens: Was die Leute tatsächlich zur Beurteilung herangezogen haben, war nicht die Fläche unter der Kurve, das heißt, wie groß der Berg insgesamt war. Nein, beurteilt haben sie, wie hoch die Spitze des Berges war und wie hoch das Ende vom Berg war, kurz bevor die Untersuchung beendet war. Denn sie erinnerten sich noch am besten an das, was kurz vorher war. Aus dem Spitzenwert des Schmerzes und dem Wert am Ende haben sie dann einen Mittelwert gebildet. Und diesen Mittelwert haben die Leute mitgeteilt, als sie im Nachhinein gefragt wurden, wie das ganze Erlebnis gewesen war.

Dieses Ergebnis hat eine ganz eigenartige Konsequenz nach sich gezogen. Denn den Internisten wurde nun geraten: »Wenn ihr wollt, dass euer Patient zwei Jahre nachdem er diese Darmspiegelung hat über sich ergehen lassen, zur nächsten Darmspiegelung kommt (denn man muss diese Untersuchung ab und zu machen lassen, um zum Beispiel frühzeitig Darmkrebs zu finden), dann müsst ihr einfach das Rohr zur Spiegelung am Ende der Untersuchung noch eine Minute drin lassen und nichts machen; vor allem nichts, was den Patienten Schmerz erleben lässt. Das Rohr einfach nur drin lassen, weil der Patient dann am Ende sagen wird: 'Och, das war eigentlich gar nicht so schlimm.'« Denn die Gesamtdauer fällt unter den Tisch und gegen Ende war es nicht so schmerzhaft. Deswegen ist der Gesamtschmerzwert, also der Mittelwert aus Endwert und Höchstwert, nicht so hoch. Wenn die Internisten versuchen, ganz schnell zu sein, und gerade dann, wenn es ganz furchtbar schmerzhaft ist, aufhören, dann wird der Endwert sehr hoch sein. Er ist dann quasi auch der Spitzenwert. Der Mittelwert ist dann immer noch sehr hoch, obwohl die Schmerzen nur kurz angedauert haben. Also wird der Patient nicht mehr zu einer Darmspiegelung kommen. – Wenn die Ärzte aber am Ende der Untersuchung das Rohr noch ein bisschen drin lassen, dann wird die Sache gut. Das ist total kontraintuitiv, ist aber so.

Wir verhalten uns beim Beurteilen von Emotionen in der Retrospektive, das heißt im Nachhinein, eigenartig. Das trifft nicht nur auf Schmerzen zu. Das trifft auch auf positive Erlebnisse zu: auf die letzte Party etwa oder auf das, was besonders schön war. Wie beurteilen wir es? Mit Spitzenwert und Endwert. Wenn der Endwert nicht so toll war, dann war es das ganze

Erlebnis nicht – und wenn es noch so lang gedauert hat und wenn es gelegentlich noch so toll war: Es erscheint uns dann einfach nicht mehr so toll.

Meine Großmutter – sie hat keinen Nobelpreis bekommen – hat immer gesagt: »Wenn es am schönsten ist, müsst ihr aufhören.« Der Nobelpreisträger Kahneman hat das mit wissenschaftlicher Akkuratesse mittlerweile nachgewiesen. Denn auch für positive Emotionen gilt: Wir Menschen wollen die Werte maximal haben.

Wenn Sie ein Erlebnis haben und wollen, dass der Endwert und der Spitzenwert beide sehr hoch sind – der Spitzenwert ist immer hoch, definitionsgemäß, aber der Endwert ist nur dann hoch, wenn Sie direkt nach dem Spitzenwert Schluss machen –, dann merken Sie sich: Bei einem schönen Erlebnis sollten Sie aufhören, wenn es am schönsten ist. Dann bleibt das Ganze als schönes Erlebnis abgespeichert. Auf die Länge des Erlebnisses kommt es überhaupt nicht an.

Macht uns Geld glücklich?

»Geld macht nicht glücklich«, sagen die einen. »Those who think money doesn't buy happiness just don't know where to shop«, sagen die anderen. Mit anderen Worten: Diejenigen, die glauben, Geld mache nicht glücklich, die wissen einfach nicht, wo man einkauft. Wer hat nun recht? Macht Geld jetzt glücklich oder nicht?

Die ländervergleichende Untersuchung hat gezeigt, dass das ganz darauf ankommt. Und genauso lautet tatsächlich die Antwort auf diese Frage. Es hängt nämlich von einer ganzen Reihe von Dingen ab, die wissenschaftlich mittlerweile recht gut untersucht sind.

Zunächst kann man mit Geld natürlich seine Bedürfnisse befriedigen. Weswegen Geld wichtig ist, wenn es einem ganz schlecht geht. Und deswegen generiert es auch die entsprechenden Effekte bei den Leuten, die nicht viel Geld haben. Irgendwann aber scheint es so zu sein, dass mehr Geld nicht mehr Effekte nach sich zieht. Und die Frage ist, woran das dann eigentlich liegt?

Stellen Sie sich vor, Sie kaufen ein Auto. Dann freuen Sie sich über Ihr Auto und fahren damit herum. Aber nach einer Weile haben Sie sich an das Auto gewöhnt und sind deswegen nicht mehr glücklich. Der Grund liegt darin, dass es eben so fährt, wie es fährt. Denn nun möchten Sie ein besseres Auto. Ein schnelleres oder ein stärkeres oder was auch immer. Auf ein solches sparen Sie nun sehr lange. Und dann kaufen Sie sich dieses Auto. Na ja, und dann sind Sie nach einer Weile wieder mit dem Auto auf Du und Du, Sie haben sich daran gewöhnt, wie es fährt, und deswegen macht es Sie nicht mehr glücklich. Die Wirtschaftswissenschaftler haben diesen Zusammenhang schon lange erkannt. Sie sprechen von »hedonic tretmill«, also von der sogenannten »hedonistischen Tretmühle«. Man schafft und schafft und schafft sich dieses an und jenes an. Dann gewöhnt man sich daran und ist genau deswegen nicht mehr glücklich darüber. Deswegen schafft man sich wieder etwas an. Man macht vielleicht jahrelang Überstunden für drei Tage Glück mit einem neuen Auto. Und dann wieder jahrelang Überstunden für drei Tage Glück und, und, und. Unterm Strich ist man dadurch ziemlich unglücklich – weswegen mehr Geld nicht unbedingt mehr Glück bedeutet.

Dazu gibt es ganz konkrete Untersuchungen. Betrachtet man beispielsweise das durchschnittliche Pro-Kopf-Einkommen in den USA zwischen 1945 und 2000, dann stellt man fest, dass es in diesen über 50 Jahren um mehr als das Doppelte gestiegen ist. Es gibt für genau diesen Zeitraum auch Untersuchungen darüber, wie glücklich die Amerikaner waren. Und bei diesen Untersuchungen kommt als Ergebnis heraus, dass das durchschnittliche Glück genau gleich geblieben ist, es hat sich also nicht verändert. Für etwa diesen Zeitraum gibt es auch eine entsprechende Untersuchung für Japan. Dort hat sich das Einkommen versechsfacht. Auch hier ist das Glück gleich geblieben. Für Deutschland gibt es erst Zahlen seit 1975. Nicht, weil das Einkommen für die Jahre davor nicht bekannt gewesen wäre. Nein, weil man das Glück erst seit 1975 in Deutschland systematisch erfasst hat. Als man das Glück in Deutschland mithilfe einer Skala von eins bis zehn genau untersucht hat, kam heraus, dass es 1975 etwa bei 6,5 lag und heute bei circa 6,7 liegt. Es lag kurz nach der Wiedervereinigung eine Zeit lang mal bei 6,9. Aber ansonsten liegt es, mit ganz geringen Schwankungen, etwa um 6,7. Das Einkommen in Deutschland hat sich in dieser Zeit vervierfacht. Das Glück ist also auch bei uns genau gleich geblieben.

Geld scheint also überhaupt nicht glücklich zu machen. Geld macht möglicherweise sogar unglücklich. Dazu gab es eine ganze Reihe von Untersuchungen, die als Basis weniger das

Geld selbst, sondern vielmehr den Gedanken an Geld untersucht und Effekte herausgefunden haben, die einen umhauen – vorsichtig formuliert. Die Untersuchungen funktionierten folgendermaßen. Man pflanzte den Leuten einen Gedanken in den Kopf, ohne dass die Leute das merkten. Dafür gibt es generell eine ganze Reihe von Methoden. Eine, die bei einer Untersuchung verwendet wurde, ging so: Man sagte zu den Versuchspersonen: »Wir haben hier immer fünf Wörter. Aus denen musst du einen Satz bilden.« Und das mussten die Leute dann 30-mal machen. Wenn man fünf Wörter ein bisschen herumdreht, wird ein Satz draus. Und das ergibt dann 30 Sätze, ganz normale Sätze über irgendetwas. Das sagte man der einen Gruppe. Eine andere Gruppe sollte 15 von den 30 Sätzen so bilden, dass sie irgendetwas mit Geld zu tun haben. Dass zum Beispiel die Worte »Cent« oder »Bank« im Satz vorkamen. Oder eines dieser fünf Wörter, mit denen ein Satz gebildet werden sollte, hatte selbst schon eine geldverwandte Bedeutung. So enthält dann jeder zweite Satz ein geldverwandtes Wort oder eine geldverwandte Bedeutung. – Ist das nur bei jedem zweiten Satz so, merken die Leute nicht, was man da mit ihnen anstellt. Denn wenn sie 15 Sätze gebildet haben, in denen es irgendwie ums Geld geht, haben sie auch irgendwie den Gedanken an Geld im Kopf. Auch wenn sie davon nichts wissen. Nun hatte man, nachdem man diese »Übung« hat machen lassen, bestimmte Tests oder bestimmte Aufgaben folgen lassen. So sagte man ihnen: »Pass auf, hier hast du eine komplizierte geometrische Aufgabe. Die musst du jetzt lösen. Die geht so und so. Du musst hier ...« – Es gibt ja solche Knobelaufgaben, bei denen man herumrätseln muss und dann plötzlich auf die Lösung kommt. – Was die Versuchspersonen nicht wussten, war, dass die Aufgabe unlösbar war. Sie fingen also an herumzuprobieren, aber irgendwie kamen sie nicht auf die Lösung. Aber sie probierten weiter. Gleichzeitig saß noch eine Person im Raum, von der den Versuchspersonen vorher gesagt wurde: »Da sitzt jemand, der hat die Aufgabe vorhin gemacht und der muss jetzt noch ein paar Fragebögen ausfüllen.« Und dieser jemand, nebenbei bemerkt ein Eingeweihter vom Experimentator, saß tatsächlich da und füllte vermeintlich Fragebögen aus. Was man nun maß, war die Zeit, die die Versuchspersonen brauchten, bis sie den Eingeweihten um Hilfe baten. Was herauskam, war erstaunlich: Die Versuchspersonen brauchten doppelt so lange, bis sie ihn um Hilfe baten, wenn sie vorher Sätze gebildet hatten, die irgendwie mit Geld zu tun hatten. Das Ergebnis ist also: Wer an Geld denkt oder nicht mal an Geld denkt, sondern zuvor an Geld gedacht hat oder sich in irgendeiner Weise unbemerkt mit dem Gedanken an Geld beschäftigt hat, der neigt weniger dazu, um Hilfe zu bitten. Möglicherweise, weil Geld so etwas wie Autonomie oder den Gedanken an Autonomie bestärkt. »Wenn ich Geld habe, dann bin ich wer. Dann brauche ich nichts und niemanden.« Und deswegen ist man weniger geneigt, sich an einen anderen zu wenden. Man ist, nebenbei bemerkt, auch weniger geneigt, einem anderen zu helfen.

Letzteres kann man wiederum untersuchen, indem man die Leute wieder mit Geld »bahnt«, das heißt, in ihre Gedankenspur den Gedanken an Geld einbringt – oder sie eben nicht damit bahnt. Und dann kommt einer ins Zimmer, der Akten schleppt. Auf den Akten liegt eine kleine Schachtel mit 27 Bleistiften. Und genau diese Schachtel fällt vor der Versuchsperson herunter. Wenn diese mit Geld gebahnt ist, dann hebt sie weniger Bleistifte auf. Das heißt, sie hilft weniger. Das kann man in Bleistiften messen, besser gesagt mit der Anzahl der Bleistifte. Diese Anzahl ist einfach weniger, wenn man Geld im Kopf hat – im Vergleich dazu, wenn man kein Geld im Kopf hat!

Oder ein anderes Experiment: Versuchspersonen füllten einen Fragebogen aus, während sie vor einem Poster saßen, das sie ab und zu einfach anguckten, weil es direkt über dem Schreibtisch hing. Zwei Gruppen von Versuchspersonen bekamen unterschiedliche Poster zu sehen: Auf dem einen Poster waren Geldscheine abgebildet, das andere zeigte Blumen. Dann kam der Versuchsleiter ins Zimmer und sagte jeweils zu den Versuchspersonen: »Hier hast du zwei Stühle. Stell die doch bitte mal auf. Denn du musst jetzt gleich noch ein kurzes Gespräch mit einem neuen Studenten führen, den du kennenlernen sollst.« Die Versuchspersonen stellten dann die Stühle auf. Gemessen wurde nun der Abstand der Stühle. Und es stellte sich heraus, dass diejenigen, die mit Geld gebahnt waren, die Stühle 50 Prozent weiter voneinander wegstellten als diejenigen, die nicht mit Geld gebahnt waren.

Eine andere Untersuchung zielte auf die Urlaubswünsche der Leute ab. Wieder arbeitete man mit zwei Gruppen und bahnte die eine Gruppe mit Geld und die andere nicht. Dann schlug man ihnen zwei Urlaubsziele vor und ließ sie auswählen, wohin sie lieber in Urlaub fahren möchten. Dazu nannte man einen Urlaubsort und gab an, dass die Reise dorthin eine Singlereise wäre, die gehe immer. Und dann nannte man einen anderen Urlaubsort, zu dem es immer eine Gruppenreise gäbe. Nun fragte man die Leute: »Möchten Sie lieber an diesen Ort oder an den anderen Ort reisen?« Man fragte sie also, lieber den einen Ort oder den anderen? Nur: Der eine war eine einzelne Sache und der andere war eine Gruppensache.

Heraus kam: Wer mit Geld gebahnt war, der fuhr lieber alleine in Urlaub und nicht in einer Gruppe.

Man war auch mal so vorgegangen und hatte gesagt: »Ihr müsst euch jetzt einen Werbespot ausdenken. Das könnt ihr alleine machen oder wir holen noch jemanden dazu, der euch dabei hilft. Ihr könnt das also auch in der Gruppe machen.« Heraus kam: Wer mit Geld gebahnt war, der mochte fast immer das Ganze alleine machen. Und wer nicht mit Geld gebahnt war, der mochte sich fast immer mit jemand anderem zusammen etwas ausdenken.

Geld macht also nicht hilfsbereit und nicht hilfesuchend. Es macht, dass man Gemeinschaft eher nicht mag und sich eher distanziert. Geld macht einsam. Ich meine hier den Gedanken an Geld! Wenn man andererseits Geld hat, beschäftigt man sich wiederum mit Geld, man befasst sich sozusagen dauernd mit Geld, man hat den Gedanken an Geld dauernd. Und dann wird es dazu kommen, dass man entsprechend reagiert, soll heißen: entsprechende Präferenzen hat, entsprechende Einstellungen ausbildet. Das heißt: Wer immer an Geld denkt, der wird einsamer werden.

Einsamkeit aber ist so ziemlich das Gegenteil von Glück. Deswegen kann Geld durchaus unglücklich machen. Geld kann interessanterweise auch ganz wenig Auswirkung auf das Glück haben. Das sieht man bei Lottogewinnern. Eine ganz klassische Untersuchung aus dem Jahr 1978 hat 20 Lottogewinner, die im vorhergehenden Monat viel Geld im Lotto gewonnen hatten, mit 20 frischen Unfallopfern, die durch einen Unfall querschnittsgelähmt wurden, und mit 20 Normalpersonen, denen eigentlich nichts passiert war, weder etwas Gutes noch etwas Schlechtes, verglichen. Bei dieser Untersuchung kam heraus, dass ganz drastische Ereignisse, wie das unglaubliche Glück eines Lottogewinns und das unglaubliche Unglück einer Querschnittslähmung, praktisch keinen Einfluss darauf hatten, wie es den Leuten ein Jahr später ging. Als man die Leute fragte, wie es ihnen denn in der Zukunft ergehen werde, zeigte sich sogar, dass sich die Querschnittsgelähmten zukünftig insgesamt etwas glücklicher einschätzten als die Lottogewinner.

Mit anderen Worten: Es ist nicht unbedingt das Glück, das man hat und das einem passiv widerfährt, das einen langfristig glücklicher oder unglücklicher macht. Es ist vielmehr so, dass sich Menschen als unglaublich resistent erweisen, was Veränderungen ihres Glücksempfindens insgesamt anbelangt.

Macht Geld nun glücklich? Nun, das hängt davon ab. Geht es einem ganz schlecht, tut einem ein bisschen Geld sicherlich ganz gut. Geht es einem schon ziemlich gut, tut einem mehr Geld nicht unbedingt gut. Und denkt man nur an Geld, dann tut es einem insgesamt eigentlich eher nicht gut.

Werden wir durch Vergleiche mit anderen glücklich?

Wie glücklich jemand ist, hängt vor allem auch davon ab, mit wem er sich vergleicht. Dazu gibt es eine ganze Reihe sehr interessanter Untersuchungen.

Man fragte beispielsweise Studenten, in welcher Welt sie lieber leben würden: in einer, in der sie 50 000 Dollar verdienen und alle anderen 60 000 Dollar verdienen? Oder in einer, in der sie 10 000 Dollar verdienen und alle anderen 9000 Dollar verdienen? Das Interessante ist: Die Leute leben lieber in einer Welt, in der sie etwas mehr verdienen als die anderen, auch wenn es nicht so viel ist. Mit anderen Worten: Es ist der Unterschied, der das Glück des Einzelnen ausmacht, und nicht das Gesamtlevel.

Dazu gibt es noch eine ganz andere Untersuchung: Man hat Medaillengewinner bei der Olympiade auf dem Treppchen gefilmt und sich vor allem ihren Gesichtsausdruck angesehen. Man kann anhand des Gesichtsausdrucks sehr objektiv Emotionen feststellen und sich ansehen, wie sie ausgedrückt werden. Dazu gibt es objektive Maße der Emotionsbewertung. Und dann hat man auf Folgendes geachtet: Wie glücklich sind die Leute, die auf dem Treppchen stehen und gerade eine Medaille bekommen haben? Man möchte meinen, dass der Goldmedaillengewinner der Glücklichste ist. Das stimmt auch. Aber wer ist der Zweitglücklichste? Nicht der Silbermedaillengewinner, sondern der Bronzemedaillengewinner! Der freut sich nämlich, dass er überhaupt auf dem Treppchen steht, denn seine Alternative war der vierte Platz. Richtig unglücklich ist der Silbermedaillengewinner, denn er hätte ja auch Gold bekommen können. Es ist also nicht das Objektive – Gold, Silber oder

Bronze –, das das Glück ausmacht, sondern der Vergleich.

Mit wem man sich vergleicht und was man als Messlatte anlegt, das ist entscheidend dafür, ob einen irgendetwas glücklich macht oder nicht.

Bei den Amerikanern gibt es ein Sprichwort: »Der Mann verdient viel Geld, der 100 Dollar mehr Geld verdient als der Mann der besten Freundin seiner Frau.« Es ist völlig unabhängig davon, wie viel er verdient, es geht nur darum, dass er etwas mehr verdient als der, mit dem er sich vergleicht oder mit dem er von seiner Frau verglichen wird!

Hier geht es um Vergleichsprozesse und dabei ist es ganz wichtig zu sehen, dass es kein objektives Glück oder es keine objektiven Umstände für Glück gibt – sieht man von der Befriedigung ganz wichtiger Dinge ab. Glück ist vielmehr das Ergebnis des Vergleichs. Wenn der Vergleich zwischen einem selbst und anderen etwas Besseres, etwas Schöneres ergibt, wenn man irgendwie besser als die anderen abschneidet, dann kommt es auch zu positiven Gefühlen. Glück muss also keine große Sache sein, Glück kann zum Beispiel eine ganz kleine Sache sein: Sie sehen eine Blume, finden die Blume schön, freuen sich an der Blume und sind glücklich, vielleicht viel glücklicher als bei einem Lottogewinn.

Untersuchungen haben gezeigt, dass man durchaus überlegen kann, was man mit seinem Geld macht, um glücklicher zu sein. Kauft man Sachen, so freut man sich zwar kurzfristig, aber langfristig rosten sie, sie werden älter, bald gibt es bessere Sachen. Langfristig ziehen solche Sachen einen eigentlich eher runter. Wer also in Sachen investiert, weil er glaubt, dass er damit etwas Bleibendes hat, der hat im Grunde bleibendes Unglück. Denn die Sachen zerfallen irgendwann und dann hat man nichts mehr davon und das Geld ist weg. Man muss, und das ist das Interessante, in etwas anderes investieren, wenn man eine bleibende Investition sucht. Nämlich in etwas, was keine Sache ist.

Investieren Sie in Erlebnisse! Wenn Sie in einen Urlaub investieren und der auch nur halbwegs klappt, dann haben Sie diesen Urlaub in Ihrem Kopf, er ist da abgespeichert. Und das Schöne an diesem Abspeichern ist Folgendes: Er bleibt Ihnen Ihr Leben lang. Und nicht nur das: Es gibt Effekte in Ihrem Gehirn, die dafür sorgen, dass Erinnerungen, je weiter sie zurückliegen, desto rosiger werden. Das heißt, der Urlaub verrostet nicht, im Gegenteil: Er wird immer goldener, je länger er zurückliegt. Und gleichzeitig ist dieses Erlebnis ein Teil von Ihnen, denn Sie sind ja letztlich nichts anderes als die Summe all dessen, was Sie in Ihrem Leben erlebt haben.

Investieren Sie also in Erlebnisse und nicht in Sachen. Dann investieren Sie zum einen in sich selbst und zum anderen in etwas, was mit der Zeit immer besser wird und nicht immer rostiger; und Sie investieren in etwas, was ganz eng zu Ihnen gehört und Sie im Laufe der Zeit immer glücklicher macht und nicht immer unglücklicher.

Die Suche nach dem Glückszentrum: Von Mäusen und Kokain

Was passiert eigentlich bei Glück im Kopf? Gibt es vielleicht so eine Art Glückszentrum da oben? Passiert da irgendetwas ganz Bestimmtes? Ist das Glück überall im Körper oder ist es nur so ein Bauchgefühl? Die Geschichte der Neurowissenschaft des Glücks reicht gut 50 Jahre zurück und wie vieles in der Wissenschaft, und vor allem in der Medizin, begann sie mit einer zufälligen Entdeckung.

Vor circa 100 Jahren tat man nichts weiter in der Gehirnforschung, als tote Gehirne auseinanderzuschneiden. Da fand man aber nicht richtig heraus, wie die Gehirne funktionieren. Wenn Sie wissen wollen, wie Ihr Handy funktioniert, und Sie schneiden es in feinste Scheibchen, bekommen Sie auch nicht heraus, wie es funktioniert. Deswegen ist man vor circa 50 Jahren auf andere Ideen gekommen. Man hat zum Beispiel angenommen, dass Gehirne irgendwie elektrisch funktionieren, und dann überlegt, ob man nicht einen kleinen Draht in das Gehirn zum Beispiel einer Maus stecken, dann ein bisschen Strom fließen lassen und gucken sollte, wo es zuckt. Gesagt, getan. Das mochten die Mäuse allerdings gar nicht, aber man fand heraus, dass es da und dort zuckte, und konnte sozusagen am lebenden Gehirn dabei bestimmte Zusammenhänge erforschen. Das hat man in den 1950er-Jahren gemacht.

In einem Labor in den USA fand man dabei etwas ganz Eigenartiges, nämlich eine Maus, die diese Stromschocks mochte. Man hat sich gefragt, was denn mit dieser Maus los sein könnte, ob die irgendwie psychiatrisch oder so wäre? Dann hat man eine andere Maus genommen und hat den Draht an die gleiche Stelle gesetzt. Und das Ergebnis? Auch diese Maus mochte die Stromschocks.

Sie werden fragen: »Wie bekam man denn heraus, dass diese Mäuse die Stromschocks mochten?« Nun, das war ganz einfach. Als man diese Untersuchungen durchführte, hatte man ein Gerät, das elektrische Impulse produzierte, und einen Draht, der diese Impulse in das Mausgehirn leitete. Man hatte außerdem eine Taste, auf die der Versuchsleiter drückte, um einen solchen Schock auszulösen. Und genau diese Taste hatte man auch der Maus in den Käfig gebaut. Es ergab sich dann Folgendes: Die Maus rannte erst mal ein bisschen im Käfig herum und stieß dabei zufällig irgendwann auf diese Taste. Wenn der Draht irgendwo in ihrem Gehirn steckte, dann vermied die Maus in Zukunft diese Taste, denn es war für sie meistens kein Spaß, solch einen Schock abzubekommen. Wenn der Draht aber an einer ganz bestimmten Stelle ihres Gehirns steckte und die Maus zufällig an diese Taste kam, dann drehte sie sich herum und ging gleich wieder an die Taste. Und wieder, und wieder, und wieder, und wieder, und wieder. Diese Mäuse haben – die Untersuchung wurde 1954 publiziert – die-

se Taste 3000-mal in der Stunde berührt! Man hatte den Mäusen etwas zu fressen in den Käfig gestellt – sie haben die Taste gedrückt. Man hatte etwas zu trinken hineingestellt – sie haben die Taste gedrückt. Sie haben nichts anderes mehr gemacht, als die Taste zu drücken, bis sie tot umgefallen sind.

Sie können sich denken, dass dieses Ergebnis in der Wissenschaft ganz schön Furore gemacht hat. »Orgasmuszentrum der Maus gefunden« oder so ähnlich mussten die Forscher angenommen haben, als sie diesen Befund vorliegen hatten. Eine Maus stimuliert lieber ihr eigenes Gehirn, als irgendetwas anderes zu tun. Es musste sich wohl um das Glückszentrum handeln, um das »pleasure center«, wie die Amerikaner gesagt haben. Später fand man heraus, dass alle heute bekannten Suchtstoffe – Opium, Morphium, Amphetamin, Kokain, aber auch Alkohol und Nikotin – dieses Zentrum in Erregung versetzen. So wurde aus dem Lust- oder dem Glückszentrum das Suchtzentrum. Und als solches war es lange Zeit bekannt.

Da man auch herausfand, dass Tiere alles tun würden, um einen Schock in diesem Gehirnzentrum appliziert zu bekommen – das heißt, ein Schock oder eine elektrische Reizung dieses Zentrums wirkt belohnend –, war auch gleich das Belohnungszentrum entdeckt.

Jetzt hatte man also das Glücks-Lust-Sucht-Belohnungszentrum gefunden, aber es war immer noch nicht klar, was es eigentlich genau damit auf sich hat. Vor allem war nicht klar, ob wir Menschen es auch haben? Wenn ja, wo sitzt es und wie genau funktioniert es?

Im Jahr 1989 war ich im ersten Jahr als Gastprofessor an der Harvard University, dort habe ich ein Seminar für Medizinstudenten angeboten. Das Seminar hielt ich zusammen mit einem Neurowissenschaftler, der in einem berühmten Labor eines Nobelpreisträgers gearbeitet hatte. Manchmal trafen wir uns nach unserem Seminar, tranken ein Bier und sprachen über das Seminar und über unsere Arbeit. Einmal erzählte er, dass er an diesem Lust- oder Glückszentrum arbeiten würde, er sprach immer vom »pleasure center«. Er sagte zu mir: »Weißt du, Manfred, ich arbeite an diesem pleasure center und ich habe so meine Vermutung, wo es in unserem Kopf steckt. Aber ich weiß es nicht ganz genau und es gibt natürlich keine Möglichkeit, das herauszufinden. Aber ich werde es herausfinden. Weißt du, vielleicht leide ich ja einmal an Krebs und weiß, dass ich bald sterben muss. Und wenn ich weiß, dass es wirklich nicht mehr lange dauert, dann werde ich meine Kollegen bitten, dass sie mir überall in meinem Kopf ein paar Drähte einpflanzen und dann mein Gehirn stimulieren. Auf diese Weise werden sie hoffentlich bei mir herausfinden, wo es steckt. Denn nachdem ich tot bin, können meine Kollegen ja mein Gehirn nach allen Regeln der Kunst auseinanderschneiden und ganz genau nachschauen, wo der Draht, bei dessen elektrischer Reizung ich dann richtig happy war, in meinem Gehirn lag. Und dann wissen wir, na ja, ich nicht mehr, aber meine Kumpels wissen dann, wo das Glückszentrum beim Menschen sitzt.« Ich habe mir damals erst mal noch ein Bier bestellt, denn ich fand den Gedanken ungeheuerlich, ein solches Experiment zu machen, um an seinem eigenen Gehirn herauszubekommen, wo das Glückszentrum sitzt.

Ich kann Sie beruhigen, dieses Experiment wurde nie gemacht. Und zwar deswegen, weil es in den Jahren nach unserer Begegnung unglaubliche Fortschritte im Bereich der Neurowissenschaft gab. Anfang der 1990er-Jahre fand man Methoden, mit denen man dem Gehirn – ohne es aufzumachen und auch ohne ein Loch in die Schädeldecke zu bohren und einen Draht hindurchzustecken – gleichsam bei der Arbeit zuschauen konnte. Ich spreche von funktionell bildgebenden Verfahren, also davon, dass man von Gehirnfunktionen – und Glück ist auch so eine Funktion – Bilder machen kann.

Das war nun beim Glück nicht so ganz einfach. Denn wie Sie wissen, ist es bei diesen bildgebenden Verfahren so, dass man in einer engen Röhre liegt. Und da ist es laut, da ist es ungemütlich, es zieht vielleicht ein bisschen, und alles zusammengenommen ergibt das ein eher ungutes Gefühl. Die meisten Versuchspersonen, die in der Röhre liegen, wollen hinterher gleich wissen: »Habe ich alles in meinem Kopf auch in der richtigen Reihenfolge oder fehlt irgendetwas oder ist irgendetwas nicht so, wie es sein soll?« Man ist also eher ein bisschen ängstlich da drin. Weswegen es leicht ist, Angst darin zu untersuchen. Denn wenn Sie ohnehin ein bisschen ängstlich sind, dann kann man Sie ja auch noch ein bisschen mehr erschrecken und Ihnen noch ein bisschen mehr Angst einjagen – und dann schauen, wo denn die Angst in Ihrem Kopf steckt. Wenn man ein Bild macht mit wenig Angst und ein Bild macht mit viel Angst und die Bilder vergleicht, dann findet man das Angstzentrum. So hat man den Mandelkern des Gehirns (die Amygdala) in den 1990er-Jahren entdeckt. Das, was uns Angst macht, unser Angstsystem, hat mit dem Mandelkern viel zu tun beziehungsweise betrifft unter anderem auch den Mandelkern.

Doch wo steckt nun unser Glückszentrum? Um das herauszufinden, musste man folgendes Problem lösen: Wie macht man einen Menschen in der engen Röhre so richtig happy?

Nun, das hat eine Weile gedauert. Ich war selbst 1994 noch einmal in der Arbeitsgruppe an der Harvard University, die sich mittlerweile mit Bildgebung beschäftigte. Dort haben sie damals alles Mögliche gemacht und sind nicht fündig geworden. Es bedurfte einer radikalen Idee, eines Glücksholzhammers, um das Glück im Gehirn leuchten zu sehen. Was hat man gemacht? Man hat sich in der Tat etwas ganz Unglaubliches ausgedacht. Man hat nämlich Patienten als Versuchspersonen genommen, die an Kokainsucht litten und die gerade im Entzug waren. Ein kokainsüchtiger Mensch, der sich auf Entzug befindet – wie die Engländer und die Amerikaner sagen: auf »cold turkey« –, dem geht es richtig schlecht. Alles, was er im Kopf hat, ist der nächste Schuss, das heißt die nächste Injektion mit Kokain. Und wenn er sich die dann setzt, hat er ein unglaublich starkes Glücksgefühl. Was die Forscher nun gemacht haben – und das Interessante ist, sie haben es erlaubt bekommen: Sie haben Kokainsüchtige im Entzug in den Scanner gelegt und ihnen dort Kokain gespritzt. Und dann einfach ihr

Gehirn angeschaut und geprüft, was passiert, wenn ein Kokainsüchtiger den nächsten Schuss bekommt. Und da leuchtete tatsächlich ein Zentrum auf, der sogenannte »Nucleus accumbens«. Er liegt ziemlich tief im Gehirn, mittendrin zwischen den beiden Seiten des Gehirns. Dieser Nucleus accumbens erwies sich als eine ganz wichtige Schaltstelle für Glücksempfindungen.

Die ganze Untersuchung wurde in der Zeitschrift *Neuron* im September 1997 publiziert und auch auf der Titelseite dieser Zeitschrift genannt. Die Zeitschrift *Neuron* ist für die Gehirnforscher das, was die *Bunte* für den Otto Normalverbraucher ist, also eine ganz wichtige Zeitschrift. Auf dem Cover der Zeitschrift war das Glückszentrum beim Menschen abgebildet und darunter stand: »dynamic circuit activated by cocain in the human brain«, auf Deutsch: »Dynamische Schaltkreise, die durch Kokain beim menschlichen Gehirn aktiviert werden«.

Haben sich die Forscher jetzt zurückgelehnt und gesagt: »Aha, hier haben wir das Glückszentrum beim Menschen und jetzt sind wir fertig.« – Nein. Warum? Weil Wissenschaft so funktioniert, wie sie funktioniert. Die Wissenschaftler haben eine Frage gelöst und zehn neue. Die wichtigste davon: Warum haben wir den Nucleus accumbens? Jeder Mensch hat einen, zwischen zwei Seiten, und rennt damit herum. Aber die wenigsten Menschen sind kokainsüchtig. Wir haben doch kein Suchtzentrum, den Nucleus accumbens, im Kopf, um süchtig zu werden? Wofür haben wir ihn aber dann?

Nucleus accumbens und Mandelkern: Wer sagt uns was?

Nachdem man das Glücks-Lust-Sucht-Belohnungszentrum beim Menschen gefunden hatte, ging es natürlich weiter. Die Methoden wurden besser, die Versuchsanordnungen geschickter, man hat sich viel überlegt. Und so wurde in den Jahren darauf eine ganze Reihe von interessanten Erkenntnissen zutage gefördert, die im Grunde immer das Gleiche besagten, nämlich: Dieses Zentrum wird wirklich nicht nur durch Kokain aktiviert, sondern auch durch eine ganze Reihe anderer Sachen. Zum Beispiel durch Schokolade! Wenn Sie Schokolade essen, gute Schokolade, schaltet sich dieses Zentrum an – das wurde 2001 herausgefunden. Im gleichen Jahr, sogar im gleichen Monat im Herbst, fand man heraus, dass schöne Musik das Zentrum anregt.

Aber außer Schokolade und Musik gibt es noch viel mehr, was das Zentrum anregt. In unserer Arbeitsgruppe konnten wir ein Jahr später beispielsweise herausfinden, dass bei jungen Männern das Zentrum anspringt, wenn sie einen Porsche oder einen anderen Sportwagen sehen. Wenn sie einen Kleinwagen sehen, funktioniert das nicht.

Eine englische Arbeitsgruppe hat Folgendes herausgefunden: Sie hat Menschen, die im Scanner lagen, Bilder gezeigt, auf denen ein anderer Mensch sie anguckt oder auf denen ein anderer Mensch wegguckt. Diese anderen Menschen waren unterschiedlich attraktiv, also entweder ganz attraktiv oder nicht so attraktiv oder so halbwegs attraktiv. Und was zeigte sich? Das Glückszentrum der Versuchspersonen sprang an, wenn ein attraktiver Mensch sie anschaute. Es sprang auch an, wenn ein unattraktiver Mensch wegschaute.

Wir haben uns mit anderen Wissenschaftlern in unserer Arbeitsgruppe gefragt, ob es nicht etwas gibt, was alle Menschen mögen und was man deswegen bei allen Menschen verwenden kann, um Glückszustände zu untersuchen. Nun ja, das gibt es: Geld mag jeder. Wir legten also Versuchspersonen in die Röhre und dann sagten wir ihnen: »Jetzt schenken wir dir einen Euro.« Ganz einfach so, unverhofft. Dann sagten wir ihnen: »Jetzt schenken wir dir 20 Cent.« – Und dabei haben wir jeweils ihre Hirnaktivität gemessen. Das Ganze fand mehrmals statt. So konnten wir den Unterschied in der Gehirnaktivität zwischen dem Geschenk von einem Euro und dem von 20 Cent untersuchen. Wir haben also untersucht, um wie viel aktiver das Glückszentrum der Versuchspersonen war, wenn sie einen Euro, also 80 Cent mehr bekommen haben. Zu unserer Überraschung haben wir hierbei genau das Gleiche herausbekommen wie die Forscher 1997 bei der Kokain-Studie: Wir sahen den Nucleus accumbens. Das ist, nebenbei gesagt, ein echter neurowissenschaftlicher Fortschritt: Der Nucleus accumbens sprang 1997 bei Kokain und 2005 bei 80 Cent an.

Böse Zungen behaupten, das konnte nur in Schwaben klappen, man muss aber anführen, dass die Amerikaner ähnliche Untersuchungen mit einem Dollar, der 80 Eurocent entspricht, gemacht haben und das Gleiche entdeckten. Mit anderen Worten: Wir sind in der Lage, dieses Zentrum auch bei der Stimulation durch Kleinigkeiten zu sehen – durch sage und schreibe 80 Cent.

Wir fanden auch heraus, dass das mit Wahrscheinlichkeiten zusammenhängt. Wenn einem gesagt wird: »Jetzt bekommst du mit 50-prozentiger Wahrscheinlichkeit einen Euro«, dann springt das Zentrum nicht so stark an, als wenn gesagt wird, man bekäme mit 75-prozentiger Wahrscheinlichkeit einen Euro; aber es springt bei 50 Prozent Wahrscheinlichkeit stärker an als bei einem Versprechen von nur 25-prozentiger Wahrscheinlichkeit.

Mit anderen Worten: Dieses Zentrum reagiert nicht nur auf die Menge, die man bekommt, sondern auch auf die Wahrscheinlichkeit, mit der man eine bestimmte Menge bekommt. Und die Verhältnisse sind ziemlich linear, was die Wahrscheinlichkeiten anbelangt. Das heißt, das Zentrum reagiert wirklich direkt mit der Wahrscheinlichkeit.

Aber was soll das Ganze eigentlich? Warum haben wir den Nucleus accumbens? Der Schlüssel für die Beantwortung dieser Frage war folgende Beobachtung, die man im Tierversuch gemacht hat, die wir aber auch beim Menschen gesehen haben. Man könnte ja meinen, das Zentrum springt immer an, wenn etwas Positives passiert. Das stimmt aber nicht! Experimente haben gezeigt: Wenn man weiß, dass gleich etwas Positives passiert, springt das Zentrum nicht an. Wenn man es aber nicht weiß, und es passiert, dann springt es an.

Warum? Nun, wenn dieses Zentrum angeht, wenn also die Nervenzellen stärker feuern, dann passiert folgendes: Es werden selbst produzierte opiumähnliche Stoffe – man spricht von Endorphinen oder von endogenen Opioiden – freigesetzt. Das passiert im Stirnhirn. Also über Ihren Augen,

hinter Ihrer Stirn wird selbst gemachtes Opium ausgeschüttet von Nervenzellen, die dafür da sind. Und was macht das? Spaß macht das. Wenn Ihr Hirn selbst Opium produziert und es in Ihr Frontalhirn schießt, macht das Spaß. Gleichzeitig wird ein Stoff ausgeschüttet – auch im Frontalhirn –, der Dopamin heißt. Und dieser Stoff hat eine ganz bestimmte Funktion in Ihrem Frontalhirn: Er sorgt nämlich dafür, dass die Nervenzellen im Frontalhirn aktiver werden. Ganz allgemein und insgesamt aktiver werden. Doch was machen die Nervenzellen im Frontalhirn normalerweise? Im Frontalhirn sitzt eine Funktion, die man allgemein als »Arbeitsgedächtnis« bezeichnet. Das heißt, im Frontalhirn sitzen Nervenzellen, die dasjenige repräsentieren, man kann auch sagen: die dafür zuständig sind, was jetzt und hier gerade los ist, was Sie jetzt und hier gerade im Kopf haben. Wenn ich bei einem Vortrag zum Beispiel spreche und Sie mir dann zuhören, dann gibt es in meinem Kopf Neuronen, die sagen: »Manfred, sprich weiter.« In Ihrem Kopf gibt es Neuronen, die sagen: »Hör weiter zu, das ist gerade nicht ganz uninteressant.« Und weil unsere Neuronen in unseren Köpfen gerade feuern, deswegen spreche ich weiter und Sie hören weiter zu – weil gerade eine echte Dopamindusche abgeht in meinem und in Ihrem Kopf. Mir macht es Spaß, Dinge interessanter zu erzählen, und Ihnen macht es hoffentlich Spaß, interessanten Dingen zuzuhören. Genau deswegen ist da oben etwas mehr Dopamin. Und den Spaß haben Sie und ich, weil da oben nicht nur Dopamin da ist, sondern auch endogene Opioide.

Wenn nun Nervenzellen aktiv sind, das heißt elektrische Impulse aussenden, dann laufen die Impulse über Nervenfasern und dann zu anderen Nervenzellen über Verbindungen. Diese Verbindungen heißen Synapsen. Und wenn Synapsen benutzt werden, das heißt, wenn Impulse über Synapsen laufen, dann werden diese Synapsen stärker. Man kann mittlerweile in Filmchen sehen, wie Synapsen, diese kleinen Knubbel, wirklich dicker werden oder wie noch ein extra Knubbel daneben wächst, weil das ganze Ding benutzt wird. Denn es ist schlichtweg so: Wenn wir die Nervenzellen unseres Gehirns benutzen, ändern sich die Verbindungen zwischen den Nervenzellen. Und die Änderungen von Verbindungen zwischen den Nervenzellen ist letztlich das, was wir mit »Lernen« bezeichnen. Jegliches Lernen bedeutet Veränderungen der Verbindungen zwischen Nervenzellen. Wenn Nervenzellen also vermehrt feuern, dann laufen mehr Impulse über mehr Verbindungen. Das heißt, dann ändern sich mehr Verbindungen, das heißt, dann wird mehr gelernt. Das ist letztlich der Schlüssel zum Verständnis der Funktion dieses Zentrums, das wir tief im Gehirn mit uns herumtragen: Der Nucleus accumbens sorgt, wenn er aktiv wird, dafür, dass unser Frontalhirn besser funktioniert. Und das sorgt dafür, dass wir besser lernen. Das heißt, dass sich genau das, was sich in unserem Kopf befindet, einfach stärker da befindet. Und dadurch, dass es sich da stärker befindet, prägt es sich auch besser ein und schleift sich besser ein, weil mehr Impulse über mehr Verbindungen laufen und sich deswegen die Verbindungen verstärken.

Genau deswegen springt der Nucleus accumbens auch nur dann an, wenn etwas Gutes passiert, was wir nicht vorhersagen konnten, was wir also nicht wussten. Wenn Sie wissen, dass gleich etwas Gutes passiert, dann wissen Sie es ja schon. Mit anderen Worten: Hier gibt es nichts zu lernen. Und wenn es nichts zu lernen gibt, dann braucht es auch keine besondere Aktivität Ihrer Neuronen, denn Sie wissen es ja schon. Und noch mal: Wenn Sie es schon wissen, gibt es nichts zu lernen.

Liebe Leser, und das ist die schlechte Nachricht dieses Buches: Ihr Gehirn – ich kann es Ihnen nicht ersparen – ist zum Glücklichsein überhaupt nicht gebaut. Weil das, was Sie im Kopf haben, was Sie glücklich macht, dieses System, gar nicht für Glück zuständig ist. Natürlich macht es Sie glücklich, aber es macht Sie nicht dauerhaft glücklich. Es macht Sie glücklich, damit etwas ganz anderes geschieht: damit Sie etwas lernen. Ihr Lust-Sucht-Glücks-Belohnungssystem ist nicht Ihr Lust-Sucht-Glücks-Belohnungssystem, es ist Ihr Lernturbo. Und zwar nicht Ihr Lernturbo wie der Mandelkern, der

Angst macht, der Ihnen sagt, was Sie alles nicht machen sollen. Nein, mit dem Nucleus accumbens lernen Sie schnell, was Sie alles machen sollen, was Sie machen können. Sie lernen: Mensch, ich muss von den Heidelbeeren vielleicht noch ein paar bessere suchen. Ich muss vielleicht bei dem Lächeln dem Menschen ein bisschen hinterherlaufen, weil es so nett war. Ich muss dies, ich muss jenes, ich möchte das. Wenn Sie morgens aufwachen, sagt Ihnen Ihr Mandelkern nur, was Sie nicht machen wollen; Ihr Nucleus accumbens sagt Ihnen, was Sie machen sollen. Und das ist verdammt wichtig, denn sonst wissen Sie nur, was Sie vermeiden müssen, und nicht, was sie tun sollen. Aber genau dafür haben Sie Ihr Glückssystem, denn Sie lernen, weil es immer dann anspringt, wenn etwas geschieht, was Sie nicht vorhersehen konnten und was besser ist als gedacht. Sie lernen damit alles, was gut für Sie ist.

Und damit löst Ihr Gehirn das Problem, das es sonst hat, nämlich: Was soll ich denn lernen von den vielen Dingen, die mir täglich widerfahren? Na, ganz einfach: Sie sollen das lernen, was gut für Sie ist. Und genau dafür haben Sie dieses System, das zum dauerhaften Glücklichsein – dummerweise, mögen Sie sagen – gar nicht konstruiert ist. Es ist zum Lernen konstruiert.

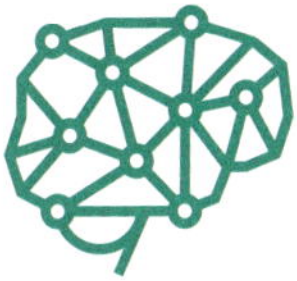

Wird Glück genetisch vererbt?

Manche Menschen sind so richtige Glückspilze und manche nicht. Die Zwillingsforschung hat gezeigt, dass da unter anderem auch die Gene dahinterstecken. Ja, es ist tatsächlich so: Manch einer ist ein bisschen glücklicher geboren als manch anderer. Das ist einfach so. Das muss man hinnehmen – denn der Effekt ist nicht mal klein. Der Setpoint unseres Glücks – also da, wo wir auf unserer Skala sozusagen nach oben und nach unten abweichen, je nachdem, was uns an Positivem oder Negativem geschieht, das heißt, um welchen Punkt herum wir schwanken –, der ist genetisch festgelegt. Nicht vollständig, aber doch ein Stück weit. Dazu kommen frühkindliche Erfahrungen. Wer in der Zeit gute Erfahrungen gemacht hat, der liegt ein bisschen weiter oben. Wer eher vernachlässigt wurde oder wer unsicher erzogen wurde, liegt ein bisschen weiter unten.

Man kann also auch tatsächlich ein bisschen glücklicher erzogen worden sein oder ein bisschen unglücklicher erzogen worden sein. Doch danach können immer wieder schöne Dinge passieren, es können aber auch immer wieder ungünstige Dinge passieren. Nicht, dass wir uns falsch verstehen: Das Dopaminsystem springt an, besser als erwartet. Wenn Sie also in wunderbare Situationen hineingeboren wurden, dann können Sie im Laufe Ihres Lebens eigentlich nur unglücklich werden, denn es war für Sie ja immer schon von Anfang an alles wunderbar. Wie gesagt: Unser Dopaminsystem reagiert, wenn etwas besser ist als erwartet. Wenn für uns also alles von Anfang an supergut ist, dann können wir eigentlich nur unglücklich werden.

Die Nachkriegsgeneration beschwert sich oft über die heutige Generation. »Denen geht es doch so gut und die sind immer so schlecht drauf. Wir, wir mussten uns anstrengen. Wir haben bei null angefangen und mussten uns richtig hocharbeiten.« Wenn man weiß, wie das Dopaminsystem funktioniert, ist vollkommen klar, dass die Nachkriegsgeneration die tolle Chance hatte, eigentlich ein Leben lang immer nur Glückserlebnisse zu haben, denn es wurde meist alles immer besser. Und weil sie das so toll hingekriegt hat, hat sie der nächsten Generation jegliche Chance auf Glückserlebnisse total vermasselt. Das müssen wir uns einfach klarmachen. Es geht nicht darum, dass die nächste Generation viel zu essen und ein warmes Dach über dem Kopf hat. Es geht darum, dass die nächste Generation eine Chance hat, Dinge zu erleben, die besser sind als erwartet. Aber wenn alles schon supergut ist, dann hat die nächste Generation diese Chance nicht. Dann hat sie tatsächlich, weil es ihr jetzt so gut geht, eine ziemlich schlechte Chance auf Glückserlebnisse.

Endlich: Das macht uns glücklich!

Wie nun können wir glücklich sein? Jeder für sich? Gibt es darüber überhaupt etwas, was sich wissenschaftlich sagen lässt? Nun, ich glaube: Ja doch, es gibt einiges zu sagen. Zunächst einmal: Sachen bzw. käufliche Güter anzuhäufen, um glücklich zu sein, ist schon mal Blödsinn. Dann nämlich ist man der hedonistischen Tretmühle aufgesessen. Wenn wir also unser Lernsystem mit Kaufräuschen glücklich machen wollen, dann klappt das nicht, weil uns das auf die Dauer langweilt und uns langfristig belastet. Durch Konsum werden wir also nicht glücklich.

Aber wie werden wir glücklich? Studien haben gezeigt, dass es eine Sache gibt, von der wir einfach nicht genug kriegen können und die uns immer wieder neu glücklich macht. Und diese Sache heißt: Gemeinschaft. Eine gute Gemeinschaft mit netten Leuten. Ja, so eine könnten wir am liebsten jeden Abend erleben. Sie hängt uns einfach nie zum Hals heraus. Ein gutes gemeinschaftliches Erlebnis geht immer und Gemeinschaft geht auch immer weiter. Gemeinschaft ist etwas, was uns glücklich macht. Geld dagegen, bei dem wir immer eher nur an uns denken und den anderen die Stühle immer ein bisschen weiter wegrücken, macht uns nicht so glücklich.

Auch Bewegung ist ganz wichtig. Die Nervenzellen, die letztlich dafür sorgen, dass der Nucleus accumbens aktiviert wird, sitzen noch tiefer im Gehirn als er. Sie sitzen aber ganz um die Ecke, da, wo auch Zellen sitzen, die Dopamin produzieren und die dafür sorgen, dass Bewegungen wie geschmiert ablaufen. Wenn diese Zellen nicht mehr so richtig funktionieren, dann bekommen wir die Parkinson-Krankheit. Das heißt, dann sind wir steif und zittern und unsere Bewegungen funktionieren nicht mehr gut.

Was hat nun Glück mit Bewegung zu tun? Die Sache ist ganz einfach: Was wir gut finden, da wollen wir auch hin. Mit anderen Worten: Positive emotionale Erlebnisse und Bewegung sind ganz eng miteinander verknüpft. Und weil es so ist, dass in unserem Gehirn alles in beide Richtungen verknüpft ist, deswegen ist auch Bewegung mit Positivität verknüpft. Wenn wir uns also bewegen, und zwar mit Spaß bewegen, und am besten in einer Gemeinschaft bewegen, dann macht uns das glücklich. Immer wieder, immer wieder neu. Das können Ihnen alle Jogger bestätigen, wobei eins wichtig ist: Joggen Sie nicht so verkniffen und mit schmerzhaften Gelenken, denn wenn es stresst, tut das Ihrem Gehirn nicht gut, Stress macht das Gehirn kaputt. Wenn Sie sich aber mit Spaß bewegen, zum Beispiel gemeinschaftlich im Team spielen oder zum Beispiel tanzen – da haben Sie die Musik noch dazu –, dann werden Sie glücklich. Und wenn Sie es schon sind, werden Sie länger, dauerhafter glücklich und haben dann einzelne gute Erlebnisse. Auf die können Sie zurückschauen, und dann machen die Sie noch mal glücklich.

Gibt es nichts Schöneres, als immer wieder mal ein tolles Tanzerlebnis, ein aufregendes sportliches Erlebnis, eine richtig schweißtreibende Sportart zusammen mit anderen erlebt zu haben? Das macht Sie langfristig immer wieder und dann sogar in der Aufsummierung in Ihrem Gedächtnis zu dem oder der, der oder die Sie heute sind. Und wenn Sie das immer so gemacht haben: zu einem glücklichen Menschen. Man nennt das Dopaminsystem ja auch das Motivationssystem, denn letztlich ist es das Gleiche. Es treibt uns an. Es bringt uns dazu zu denken: »Ja, mach doch das. Tu das eher nicht, aber mach das, und lauf dem nach und tu das.« Es motiviert uns, etwas zu tun, zu handeln.

Das Glückssystem funktioniert so, wie es funktioniert, und es gab radikale Lösungen, mit dieser Funktion irgendwie fertigzuwerden.

Nehmen wir Buddha. Leiden kommt von Leidenschaft, und wer das Leiden abschaffen will, muss die Leidenschaft abschaffen. Das tat Buddha vor ziemlich langer Zeit. Was ist davon zu halten? Man könnte meinen, Buddha war ein genialer Psychologe, aber das stimmt nicht so ganz. Warum? Nun, wenn Sie nicht mehr immer dem nächsten Auto hinterherhechten und dafür Überstunden machen, drei Jahre lang, um dann drei Tage glücklich zu sein, dann sind Sie in der Tat weniger unglücklich. Der Buddhist, weil er seine Leidenschaft abschafft, schafft damit das Unglück ab, das ihm die Leidenschaft vermittelt. Glücklich ist er deswegen aber nicht. Er ist nur weniger unglücklich. Das ist schon mal etwas, aber es ist nicht unbedingt das, was wir wirklich wollen.

Kant hatte auch eine radikale Lösung. Die lautete in etwa so: Na ja, wenn das so ist, dann müssen wir natürlich das Glück unter die Kontrolle des Verstandes stellen. Das Problem damit ist aber: Das funktioniert nicht. Wollen Sie wirklich immer das, was vernünftig ist? Nein, so funktionieren wir Menschen schlichtweg nicht, weswegen die Lösung von Kant radikal, genial, aber völlig unpraktikabel ist. So funktionieren wir nicht.

Nun, Buddha macht Sie nur weniger unglücklich, mit Kant kommen Sie nicht klar. Aber wie kommen Sie klar? – Mit der Gehirnforschung. Gehirnforschung ist letztlich nichts anderes als Selbsterkenntnis und die, das wissen wir seit den alten Griechen, ist unglaublich wichtig. Denn was können wir eigentlich anderes wollen, als uns besser zu verstehen?

Und was haben wir jetzt verstanden? Wir haben verstanden, dass es einen ganz tiefen Zusammenhang gibt zwischen Glück und Lernen. Unser Glückssystem ist gar nicht unser Glückssystem. Unser Glückssystem ist unser Lernsystem. Wir besitzen es nicht, um glücklich zu sein. Wir haben es, um lernen zu können. Das heißt: Unser Glückssystem ist nicht dafür da, um uns glücklich zu machen, und schon gar nicht ist es zuständig für dauerhaftes Glück. Unser Glückssystem ist dafür da, dass wir all das lernen, was gut für uns ist. Das heißt auch, dass wir etwas lernen.

Nun weiß ich nicht, was für Sie gut ist, und ich weiß auch nicht, was Sie so lernen, aber ich weiß eines: Dass, wenn Sie sich einmal überlegen, dass tief in unserem Kopf – systematisch ganz tief – Glück und Lernen ganz eng miteinander verknüpft sind, dann daraus folgt, dass wir alle bis an unser Lebensende die Möglichkeit haben, immer wieder Glückserlebnisse zu haben. Wie Sie das im Einzelnen anstellen, das muss ich Ihnen überlassen, aber wie es im Prinzip geht, das sagt die Hirnforschung ganz klar. Viel Glück!

Über den Autor

Prof. Dr. Dr. Manfred Spitzer, geboren 1958, leitet die Psychiatrische Universitätsklinik in Ulm und das Transferzentrum für Neurowissenschaften und Lernen. Er ist Autor zahlreicher Bücher, darunter der Bestseller *Digitale Demenz*. Er ist einer der bedeutendsten Gehirnforscher Deutschlands und versteht es wie niemand sonst, wissenschaftliche Erkenntnisse anschaulich und fundiert zu vermitteln.